Quebrando as Barreiras: As Chaves Para Desbloquear a Paz Interior

Rev. John Clark Mayden, Jr.

Traduzido por Ravi Martins de Almeida Sampaio

Tabela de Conteúdos

Introdução
Propósito do Livro
Os Três D's
Público Alvo
Prólogo
Superando o Desespero

As Correntes Estão Quebradas
Descanse e Espere
Imagine
Ignorando o Ruído
Uma Mente Decidida
O Caminho Para a Paz
Esperança Para Quem Sofre em Silêncio

Lidando com o Desapontamento

De Vítima Para Vitorioso
Eu Estou Abandonando!!!
Seguro com o Senhor
Movendo Além do Desapontamento
Eu Estou Seguindo em Frente
Lidando com o Desapontamento
O Poder do Louvor

GERENCIANDO A DEPRESSÃO7

"Paz na Tempestade"8
Superando a Tristeza1

Ajuda Necessária4
Deus, Ajude-os7
A Depressão Não Veio Para Ficar.............................70
Poema Para Não Desistir3
Eu Estou Aguentando (Poema)6

Sobre o Autor8
Agradecimentos

Introdução

Apesar do rodamoinho de confusão, estresse e drama que você pode estar enfrentando na vida, a paz interior ainda é possível. A paz interior é possível porque ela "não é a ausência de conflito na vida, e sim a habilidade de lidar com isso" confiando e aprendendo com o Senhor Jesus Cristo. Então, não deve ser nenhuma surpresa que nós encontramos essas palavras atemporais ditas pelo Nosso Senhor Jesus Cristo: [27]Paz, eu deixo vocês com minha paz que eu dou a vocês. Eu não dou a vocês, o mundo dá a vocês. Não deixem seus corações incomodados e não tenham medo." Esta passagem bíblica registra as palavras faladas por Jesus ao seus discípulos, preparando-os para a sua morte. Ele encoraja seus discípulos temerosos e estressados enquanto eles enfrentam a ameaça de perseguição pelos romanos para receberem a paz que ele está deixando a eles. Além disso, a Escritura fala volumes para nós, porque ela revela que é a vontade de Deus que nós sintamos a verdadeira paz mental. Além disso, este texto sugere que a paz pode ser obtida ao abandonar os pensamentos ruins e emoções negativas e seguir em frente, para que nós fiquemos em uma posição para apreciar a vida. Basicamente, a Escritura nos providencia o guia para quebrar as barreiras em nossas vidas e nos ajudar a cumprir nossos destinos.

Propósito do Livro

Este recurso tópico devocional é o primeiro de uma série de três volumes que visa providenciar ao leitor as chaves espirituais que visam providenciar ao leitor as chaves espirituais para ajudá-lo a superar barreiras comuns que o impedem de sentir a paz interior. Essas chaves devem ajudar o leitor a destrancar a porta da paz interior e seguir em frente na vida e se desprender da tristeza, frustração e conflito interno. Como resultado da experiência da paz, o leitor é liberado para se tornar a pessoa que Deus quer que ele seja e alcançar o propósito que Deus tem para sua vida.

Por fim, a mensagem central do livro é que a verdadeira paz interior surge ao saber que Cristo está presente conosco ao longo de nossas adversidades. Além do mais, no meio de nossos problemas, desafios e conflitos, nós ainda podemos ter paz interior, porque não estamos enfrentando esses desafios sozinhos. Portanto, a paz interior é a descoberta de que o poder de Cristo irá nos sustentar em nossos tempos difíceis. Então, eu espero que você ache as vinte e uma chaves e inspirações úteis e sofra uma transformação, cura e inovação em sua vida.

Os Três D's

Barreiras são distrações ou bloqueios que **nos previnem** de ser a pessoa que Deus quer e de realizar o propósito que Deus tem para nossas vidas. Há muitas barreiras que impedem as pessoas de sentirem a paz interior. Neste livro, eu irei focar nos Três D's do Desespero, Desapontamento e Depressão como barreiras diárias que podem nos desconectar de Deus.

Eu escrevo sobre Os Três D's por experiência pessoal, pois eles ainda possuem o poder de me deixar emocionalmente drenado e estressado, roubando momentos preciosos de minha vida. Encontrar a paz interior é um processo diário para mim e eu preciso renovar a minha mente todos os dias para receber paz, alegria e a satisfação que Deus quer para mim.

Uma noite, enquanto assistia televisão, eu ouvi a voz do Senhor me dizendo para escrever "Quebrando as Barreiras" como o título para este livro. Deus quer que eu compartilhe com vocês estas chaves que me ajudaram em minha luta contra Os Três D's. Eu espero que este livro os ajudem a quebrar estas três barreiras e a saírem de um lugar de dor para a promessa de Deus.

Público Alvo

Este recurso foi desenvolvido para indivíduos, pequenos grupos e grupos de Estudo da Bíblia que buscam restauração e cura espiritual, emocional e física.

Layout

O layout do livro é o seguinte: há três capítulos com sete mensagens inspiradoras visando cada barreira. No topo de cada página há um título para a mensagem inspiradora, após cada título há uma imagem relacionada à mensagem. Abaixo da imagem está uma chave espiritual na forma de um sinal de chave com o princípio espiritual ao seu lado. Após a mensagem, há uma Escritura no final de cada página. No início da próxima página, há um passo de ação desenvolvido para colocar o princípio (chave) em prática. Após cada passo de ação há uma pergunta ou talvez duas para o leitor ponderar, que visa ajudar a aplicar a mensagem inspiradora.

Prólogo

Com certeza, sem sombra de dúvidas você pode romper Os Três D's do Desespero, Desapontamento e Depressão. A Bíblia possui muitos remédios para Os Três D's que serão discutidos neste livro, que incluem: a posição de nossa mente e nosso corpo, buscar conforto nas Escrituras e oferecer encorajamento a outros.

Superando o Desespero

As Correntes Estão Quebradas

Chave: Render seu fardo a Deus.

A melhor forma de lidar com o desespero é render seu fardo ao Senhor. Render envolve desistir. Outro dia eu ouvi a Rádio de Recuperação Cristã. O apresentador do programa falou algo excelente sobre a rendição ser o primeiro passo para se recuperar de qualquer vício. Ele continuou dizendo que um viciado em drogas ou alcoólatra precisa primeiro reconhecer que ele não pode superar seu vício sozinho. Em outras palavras, o viciado precisa entregar sua situação à Deus para começar o processo de cura.

Se render ajuda a remover as correntes do desespero e desesperança. Além disso, se render permite confiança e encorajamento para auxiliá-lo em suas situações. Portanto, você pode deixar seus problemas nos pés de Deus, sabendo que Deus irá colocar a situação ao seu favor. Agora você pode sentir a paz e ter relacionamentos saudáveis, porque você rendeu seus fardos ao Senhor.

Lança o Teu Cuidado ao Senhor, e Ele te sustentará. Salmos 55:22 (Versão Padrão Inglesa).

Aplicação

Passo de Ação: Faça uma lista de coisas que o estressam. Por exemplo, você pode estar se estressando com um membro de sua família que costuma ter problemas com a lei. Comprometa-se a orar diariamente para esse membro da família ou o que quer que o esteja incomodando.

1.

2.

3.

1. O que você pode render em sua vida para se aproximar mais de Deus?

Descanse e Espere

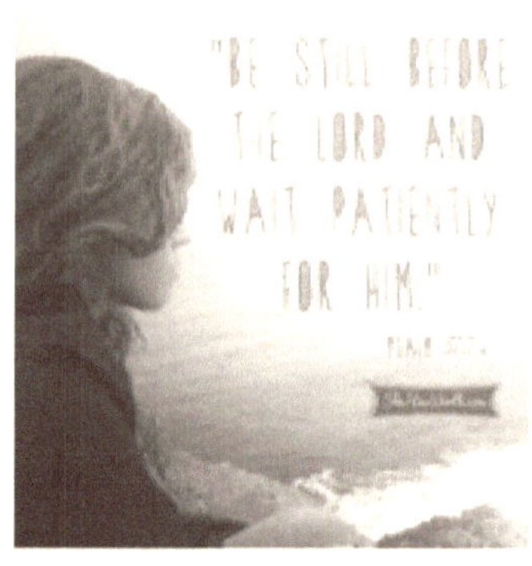

Chave: Ouça a resposta de Deus.

Em nossa vida de oração, nós podemos falar com Deus, mas não escutá-lo. Nós dizemos a Deus o que está em nossa mente, mas nem sempre temos a paciência para ouvir a resposta de Deus à nossa situação. Portanto, nós ficamos decididos sobre como nós vamos lidar com uma situação e a oração se torna mais um hábito do que realmente procurar por Deus. E a pergunta é: qual é a finalidade da oração se nós somos muito impacientes ou não queremos esperar pela resposta de Deus?

Não ouvir à resposta de Deus seria como um piloto contatando a torre de controle antes de decolar, mas não esperar para ouvir a mensagem: "Você está livre para decolar" e apenas, impulsivamente, decolar sozinho. Esse piloto colocaria a sua vida, e também as dos passageiros do avião, em risco.

Em um sentido espiritual, quando nós não ouvimos a resposta de Deus em nossas vidas, nós acabamos nos machucando, sentindo dor e caindo. Por experiência pessoal, eu sei que é muito mais fácil levar um tempo extra e esperar para ouvir Deus, ao in-

vés de tentar fazer as coisas sozinho. Eu estou implorando para
que você ouça a resposta de Deus à sua oração antes de tomar
uma decisão.

Descansa no Senhor, e espera nele; não te indignes por causa
daquele que prospera em seu caminho, por causa do homem
que executa astutos intentos. Salmos 37:7 Nova Versão Internacional.

Aplicação

Ação: Após rezar, passe um tempo parado e esperando em silêncio pela resposta de Deus.

1.
2.
3.

1. Quais são algumas áreas de sua vida em que você ainda está esperando a resposta de Deus?

Imagine

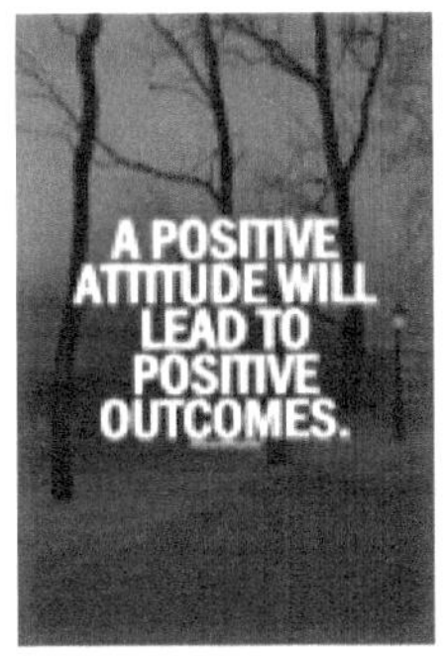

Chave: Visualize um Resultado Positivo

Deus deu a você a autoridade sobre os resultados de suas circunstâncias. Visualizar um resultado positivo é a chave para a melhoria das situações em sua vida. Deixe-me compartilhar com você uma história precisa e agradável sobre visualizar um resultado positivo.

Há uma história sobre um homem que foi encarcerado e equivocadamente condenado por assassinato. Após servir uma sentença de cinco anos, ele teve uma auditoria de revisão diante do juiz. Antes da auditoria, seu advogado notou seu comportamento calmo. Quando perguntado sobre seu comportamento, o prisioneiro respondeu que ele estava calmo porque ele não era culpado. Ele imaginou que sairia da corte como um homem livre, sem correntes prendendo suas mãos. E assim, ele foi liberado da prisão. O mais interessante é que mentalmente e emocionalmente, ele já havia se libertado do confinamento, devido à sua mentalidade e sua previsão. Então, visualize hoje um resultado positivo. Acredite que as coisas irão melhorar.

"Tudo é possível ao que crê." Marcos 9:23 NVI

Aplicação

Passo de Ação: Escreva três dificuldades. Logo ao lado dessas dificuldades, escreva três resultados positivos que você visualiza acontecendo em sua vida.

1.

2.
   3.

   1. Qual é um resultado positivo que você está esperando que aconteça?

Ignorando o Ruído

Chave: Ignore a Negatividade

Você tem sonhos, mas tem medo de persegui-los porque você foi desencorajado pelo que os outros têm a dizer? Sua negatividade o deixou para baixo? Se a resposta for sim, esta mensagem irá encorajar seu espírito.

A melhor forma de lidar com a negatividade é ignorando-a. Ignorá-la significa não permitir que os comentários e palavras negativas ao seu redor penetrem em seu coração. Não permita que isso o impeça de seguir em frente com os objetivos e planos que Deus tem para sua vida.

Outro dia eu ouvi uma história sobre um ex-jogador da NFL. O jogador da NFL tinha que superar suas críticas que apontavam sua falta de tamanho e velocidade como barreiras para que ele fosse um jogador de sucesso na NFL. Não só ele provou que seus críticos estavam errados, como ele acabou se tornando um dos melhores jogadores na história da NFL. Mas a história principal é que esse jogador de futebol americano usou sua fama e experiência com o futebol como uma plataforma para compartilhar o

Evangelho com outros jogadores. O segredo para seu sucesso é que ele ignorou a negatividade.

Para encerrar, nós devemos deixar de permitir que a negatividade das pessoas **determine nosso destino**. Frequentemente, nós somos atingidos por palavras maldosas que os outros dizem e paramos de correr atrás dos planos que Deus tem para nossas vidas. Então, quando as pessoas disserem coisas negativas sobre você, não acredite nelas.

Fazei todas as coisas sem murmurações nem contendas; [15] para que sejais irrepreensíveis e sinceros, "filhos de Deus inculpáveis, no meio de uma geração"[c1] corrompida e perversa, entre a qual resplandeceis como astros no mundo (Filipenses. 2:14-15 NVI).

---

1.   https://www.biblegateway.com/passage/?search=Philippians+2%3B14-15&version=NIV#fen-NIV-29407c

Aplicação

Passo de Ação: Escreva seus objetivos e sonhos. Escreva do lado de cada objetivo o que a voz da negatividade em sua mente diz sobre realizar esse objetivo. A seguir, risque o que a voz da negatividade diz e você terá apenas seu objetivo na página.

    1.

    2.

    3.

1. Quais objetivos ou sonhos você permitiu que alguém o
    desencorajasse de realizar?

Uma Mente Decidida

STRENGTH IS A MATTER
OF THE MADE-UP MIND.

Chave: Escolha a Paz

Se eu fosse um homem que aposta, eu apostaria que perdi várias horas de minha vida para o desespero. Mas, se eu aprendi alguma coisa é que quanto mais estressado e preocupado eu ficava, minha circunstância não melhorava em nada. Porém, eu aprendi que a Paz interior é uma escolha. Nós podemos escolher a paz ou escolher se preocupar com a vida. A decisão é nossa.

Escolher a paz é realmente decidir focar nossas mentes em coisas que são positivas e Divinas. Por exemplo, pensar nos bons momentos que eu compartilho com as pessoas ajuda a tranquilizar minha mente quando diferenças inevitáveis surgem em relacionamentos pessoais.

Tu conservarás em paz aquele cuja mente está firme em ti; porque ele confia em ti. Isaías 26:3. Nova Tradução Viva.

Aplicação

Passo de Ação: Faça uma pausa de tudo que o estressa. Por exemplo, se o trabalho for estressante, tire uma folga.

1. Quais são as situações e coisas que o incomodam?

1. Como escolher a paz influenciaria na sua situação?

O Caminho Para a Paz

Chave: Silêncio é igual a paz.

A paz é obtida com o silêncio. E não através de agitações da vida, e nem correndo constantemente para lidar com tarefas após tarefas, e sim no silêncio que a paz virá para nossas vidas. O texto abaixo faz a conexão entre o silêncio e a paz. Basicamente, a Escritura nos encoraja a não reclamar quando as coisas não funcionam como queremos, e sim ficar em silêncio. Quando ficamos em silêncio, nós somos capazes de ouvir e receber uma Palavra do Senhor e ficamos fortalecidos.

O Salmo 62 nos presenteia com o Rei Davi sendo fortalecido pela Presença de Deus como resultado de ouvir silenciosamente e esperar por Deus durante seu momento de oração. Durante a época do texto, havia pessoas ruins que planejavam matar o Rei Davi, então ele rezou e esperou pelo Senhor em silêncio. Subsequentemente, o verso termina com Davi recebendo a paz do Senhor, vamos esperar para ouvir Deus em silêncio.

E o efeito da justiça será paz, e a operação da justiça, repouso e segurança para sempre. Isaías 32:17 Nova Tradução Viva.

Aplicação

Passo de Ação: Separe alguns minutos de cada dia e sente-se em silêncio para ouvir uma Palavra do Senhor. Escreva o que você ouviu Deus dizer a você.

1.

2.

3.

1. Você foi capaz de ouvir a voz do Senhor hoje?

Esperança Para Quem Sofre em Silêncio

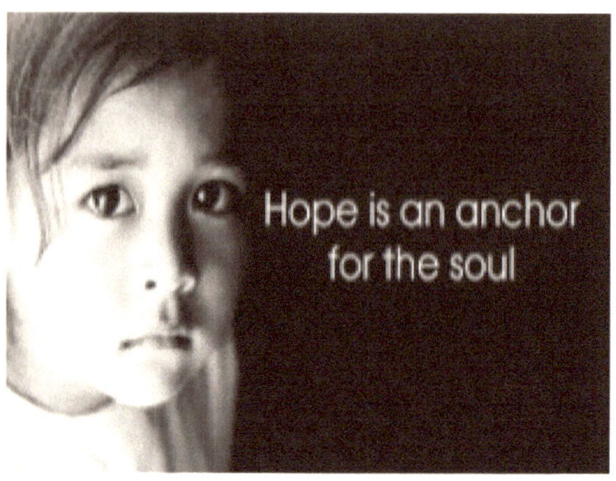

Chave: Reconhecer sua luta para o Senhor.

Segure firme e não desista. Deixe estas palavras ressoarem com seu espírito. Você é mais valioso do que o que você está passando. Eu sei que você não consegue ver isso, mas a mudança está logo ali na esquina. Como eu sei? Eu sei porque eu estive nessa situação. Eu estive em uma situação onde eu estava tão deprimido que nem queria sair da cama. A vida parecia evaporar de mim, mas, reconhecer minha luta diante do Senhor me ajudou a superar meu sofrimento. Nesse dia eu tive que dizer a Deus o que me incomoda e me desgasta. Especificamente, eu disse ao Senhor que estou cansado de ficar deprimido e não sentir alegria, e o Senhor continuou a retirar esse fardo de mim. Até hoje, quando eu fico triste e cabisbaixo, eu apenas digo a Deus o que está me incomodando e Deus constantemente levanta meu ânimo. Concluindo, eu quero que você segure firme e não desista. Reconheça sua luta diante do Senhor e veja Deus trabalhar nessa situação a seu favor.

Na minha angústia clamei ao SENHOR, e me ouviu. Salmos 120:1 NVI

Aplicação

Passo de Ação: Se você estiver se sentindo suicida ou homicida, consiga ajuda. Por favor, ligue para o Centro de Valorização da Vida. Procure o conselho de um Pastor ou de um Conselheiro Profissional.

1. Como reconhecer sua luta o ajuda com o desespero?

Lidando com o Desapontamento

De Vítima a Vitorioso

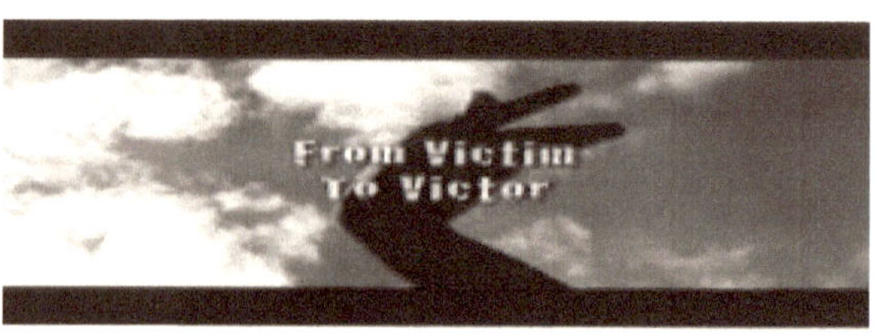

Chave: Erga Sua Mão ao Senhor

Muitos de nós fomos culpados de permitir que nossas circunstâncias ditem nossas atitudes. Como resultado de abusos, negligencias e outras formas de trauma, nós podemos adotar a mentalidade de vítimas. Nós podemos começar a andar cabisbaixos. Nós mantemos a crença de que a dor é nossa culpa. Mas, a Escritura abaixa nos guia pelo processo de ir de vítima a vitorioso.

Nós nos tornamos vitoriosos quando erguemos nossas mãos ao Senhor. Erguer nossas mãos ao Senhor nos posiciona para recebermos o poder de Cima para nos ajudar na vida. Portanto, nós somos fortalecidos e equipados para lidar com nossos problemas, porque Deus está ativamente nos apoiando.

O resultado de erguer nossas mãos ao Senhor é a liberação. Nós estamos liberando nossos problemas para as mãos capazes de Deus. Por exemplo, quando um prisioneiro é liberado da prisão, a primeira coisa que acontece é que as algemas são removidas. Bem, em um sentido espiritual, quando nós erguemos nossas mãos ao Senhor, nossas algemas espirituais são removidas e nós nos livramos da opressão. Então, da próxima vez que passarmos por dificuldades, nós precisamos erguer nossas mãos ao Senhor e ver Deus nos restaurar.

"E, olhando para eles em redor com indignação, condoendo-se da dureza do seu coração, disse ao homem: Estende a tua mão. E ele a estendeu e foi-lhe restituída a sua mão, sã como a outra." Marcos 3:5 (VPI)

Aplicação

<u>Passo de Ação: Continue a procurar Deus na oração, meditação, reza e devoção e doação.</u>

1. O que o impede de erguer suas mãos e entregar seus fardos ao Senhor?

Eu Estou Abandonando!!!

Chave: Abandonar dores passadas o ajudará a seguir em frente na vida.

"Esqueça o que ficou para trás." Você pode estar aí pensando que não sabe o que fez. Eu fiz algumas coisas que são imperdoáveis. Eu já cavei minha cova e agora irei deitar nela. Vamos dar uma olhada no autor desta carta do passado dos Filipenses.

Paulo, o autor do texto era um cúmplice do assassinato de muitos dos primeiros Cristãos. Ele foi responsável por muitos assassinatos e notavelmente pela execução do primeiro mártir Cristão, Estevão. Seu objetivo era torturar e livrar a terra do Cristianismo. Mais adiante, ele se tornou o primeiro grande apóstolo (Fundadores da igreja) que já andaram na terra e foi uma figura proeminente no desenvolvimento do movimento Cristão inicial. A chave para esta progressão Cristã notável é que ele abandonou o passado.

Abandonar o passado significa que nós temos que parar de apertar o botão de rebobinar em nossas vidas ao revisitar nossos erros. Nós temos que parar de deixar a culpa dos erros passados pesar em nós, porque Deus quer que nós as abandonemos. Abaixo está um exemplo de abandono.

O ato de abandonar é semelhante a soltar um balão no céu. Assim que nossas mãos param de segurar o balão, o balão começa a subir. Na maioria das vezes, as pessoas soltam o balão conforme ele esvazia, porque o balão não tem mais uso. A mesma analogia do balão pode ser aplicada às nossas vidas. Nós não devemos segurar sentimentos de desapontamento, porque eles nos mantêm em uma rotina. Ao invés disso, nós devemos abandonar constantemente essas coisas que nos estressam. Apenas abandone.

[13]Irmãos, quanto a mim, não julgo que o haja alcançado; mas uma coisa faço, e é que, esquecendo-me das coisas que atrás ficam, e avançando para as que estão diante de mim. Filipenses 3:13

Aplicação

Passo de Ação: Compre um balão e encha-o. A seguir, visualize que seus fardos são um balão e solte o balão.

1. Quais são algumas coisas que você está disposto a abandonar?

Seguro no Senhor

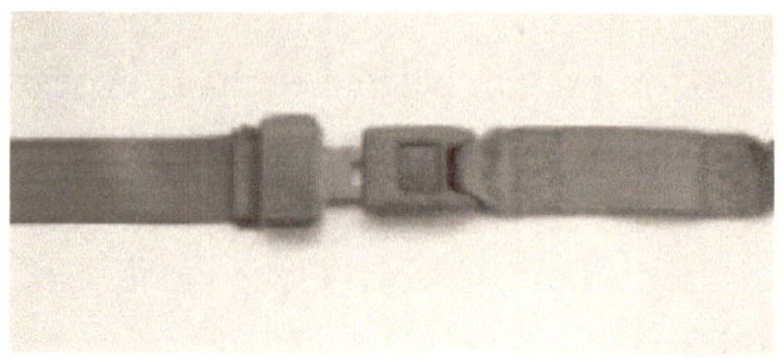

Chave: Segurança vem ao manter seus olhos no Senhor.

Desapontamentos passados podem criar insegurança na vida, o que afeta sua habilidade de manter relacionamentos. Em outras palavras, você pode ter tido promessas quebradas ou coisas dolorosas foram ditas a você. Basicamente, você pode estar procurando por validação e afirmação nas pessoas em sua vida em uma tentativa de equilibrar os desapontamentos e dores do passado. Porém, as Escrituras nos encorajam a sermos seguros no Senhor.

Segurança no Senhor nos ajuda a manter os olhos no Senhor, o que nos ajudará em nossos relacionamentos. Pense assim, quando nós podemos confiar em Deus, nós estamos em uma posição melhor para ouvir aos outros e preservar relacionamentos saudáveis. Eu posso dizer que depender de Deus me ajudou a cuidar de meus relacionamentos com os outros, porque eu não via todos como um inimigo. Por exemplo, imagine tirar os olhos do cinto de segurança enquanto tenta prender um bebê em um assento de carro, e o assento provavelmente não seria seguro, porque ele não foi preso no assento adequadamente.

Espiritualmente, quando tiramos nossos olhos do Senhor, nós nos tornamos instáveis e sentimos dores desnecessárias. Nós podemos nos tornar pessoas de agrado e que ficam consumidas com o que os outros pensam e dizem sobre nós. Então, a melhor coisa a fazer é manter os olhos no Senhor e você sentirá segurança e paz.

Tenho posto o Senhor continuamente diante de mim; por isso que ele está à minha mão direita, nunca vacilarei. Salmos 16:8

Aplicação

Passo de Ação: Quando você começar a se sentir inseguro constantemente, recite esta Escritura: "Porque você é precioso em meus olhos, e honrado, e eu amo você,..."[1]

1. Como eu me mantenho seguro no Senhor?

Movendo Além do Desapontamento

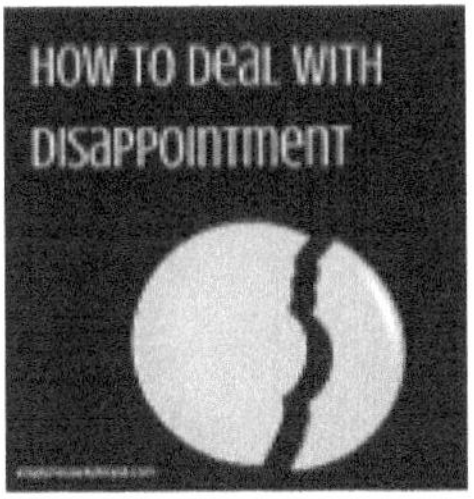

Chave: Defina expectativas realistas.

Muitas vezes nós ficamos desapontados porque nós definimos expectativas não realistas. Uma forma de definir essas expectativas não realistas é quando nós comparamos as pessoas. Por exemplo, há casamentos que não funcionam porque os maridos podem comparar suas esposas com suas ex. Esta comparação é injustificada e deixa a esposa comparada com uma sensação de insuficiência e inaptidão. Porém, uma coisa que eu acho muito útil é evitar o desapontamento definindo expectativas realistas.

Um exemplo pessoal de definir expectativas realistas veio quando eu procurei por emprego alguns anos atrás. Durante essa época, eu esperava uma ligação de meu potencial empregador no dia ou no dia depois de aplicar para o trabalho. Todos os dias eu ficava desapontado quando eu não ouvia nada do empregador. Mas, o que me ajudou com o meu desapontamento foi parar de antecipar que eu receberia e ligação de um empregador em potencial dentro de 24 horas após completar a aplicação. Definir expectativas realistas realmente me ajudou a parar de me preocupar com coisas que eu não podia mudar.

"Eu sou a videira, vós as varas; quem está em mim, e eu nele, esse dá muito fruto; porque sem mim nada podeis fazer." João 15:5 Nova Versão Internacional.

Aplicação

Passo de Ação: Escreva algumas expectativas não realistas que você tem. Ao lado das expectativas não realistas, escreva algumas expectativas realistas. Por exemplo, um exemplo de uma expectativa não realista pode ser que você acabou de começar em um trabalho e espera receber uma promoção dentro de seis meses após ser contratado. Uma expectativa realista pode ser dentro de cinco anos após aceitar a posição, você espera ser promovido porque você orou e trabalhou duro. Comece a remover as expectativas não realistas, e a trabalhar com expectativas realistas.

1. Quais expectativas não realistas eu tenho na minha vida?

Eu Estou Seguindo em Frente

- Chave: Foque na solução.

Não muito tempo atrás, eu li uma história sobre uma jovem mãe casada perturbada, Lucy Blackwell, que estava cuidando de seu filho doente, Noah Blackwell. Diariamente, ela visitava o hospital e passava um tempo com seu filho. O médico disse a Lucy que a única maneira de salvar a via de seu filho era se encontrassem um tipo sanguíneo adequado. É claro, o tipo sanguíneo da mãe e do pai não era igual ao do filho. Porém, o marido localizou o pai ausente de Lucy. E o tipo sanguíneo do avô era o adequado. A cirurgia ocorreu e a vida de Noah foi salva.

Agora, imagine se Lucy tivesse deixado seu desapontamento e desprazer da ausência do pai de sua vida ficar no caminho do tratamento que o seu filho precisava. Noah provavelmente teria morrido.

Por outro lado, Lucy focou na solução. Ela focou na saúde e bem estar de seu filho. Na verdade, não só a vida de seu filho foi salva, como ela também foi capaz de desenvolver uma relação mais próxima com seu pai, porque ela focou na solução.

Finalmente, meus irmãos e irmãs, vamos tentar ser pessoas focadas em soluções. Não vamos focar apenas no problema, vamos procurar por estratégias que tragam uma solução. Focar na solução os ajudará a seguir em frente com os desapontamentos da vida e permitirá que vocês prosperem e superem as dificuldades da vida.

E sabemos que todas as coisas contribuem juntamente para o bem daqueles que amam a Deus, daqueles que são chamados segundo o seu propósito. Romanos 8:28 Nova Versão Internacional.

Aplicação

Primeiro, reflita nas soluções de seus problemas. Escreva-as.

    1.

2.

3.

    1. O que a história acima ensina sobre ser focado em soluções?

Lidando com o Desapontamento

Chave: Fale uma palavra de afirmação sobre suas situações.

Falar uma palavra de afirmação sobre suas situações irá mudar drasticamente os resultados. Nos últimos dois anos, eu fui ao médico para fazer um exame de rotina e minha pressão sanguínea estava elevada. Os profissionais médicos tinham preocupações e me aconselharam e monitorar minha pressão sanguínea, porque pressão alta é hereditária na minha família. Pouco tempo após a visita, eu me lembro de ficar muito desencorajado sobre minha pressão sanguínea elevada, mas então eu afirmei oralmente "com a ajuda de Deus, eu irei abaixar minha pressão sanguínea." Na próxima vez que eu fui ao escritório médico, minha pressão sanguínea estava normal e eu atribuo a pressão sanguínea mais baixa a falar uma palavra de afirmação sobre minha situação.

Falar a palavra de afirmação me ajudou a parar de me estressar e flexionar meus músculos durante a análise de pressão sanguínea, o que elevava minha pressão sanguínea no passado. Além disso, falar a palavra de afirmação me ajudou a ver além da pressão sanguínea alta, na possibilidade de que Deus poderia reduzir minha pressão sanguínea, mas eu precisava acreditar nas palavras positivas que eu falava. Portanto, sempre que eu faço um exame de pressão sanguínea, eu reflito nessas palavras fortes de afirmação para aliviar qualquer estresse e desconforto.

Por fim, a Escritura nos encoraja a falar palavras positivas e afirmativas porque as palavras têm poder. Palavras podem construir ou destruir. Basicamente, as palavras transformam uma atmosfera. Então, eu quero encorajá-lo fortemente a falar uma palavra de afirmação sobre sua situação. Por exemplo, se você estiver com muitas dívidas, diga "Eu sairei das dívidas com a ajuda de Deus". Essas palavras irão ajudá-lo conforme você começar a modificar ou mudar certos hábitos que o deixaram com tantas dívidas. Fale palavras de afirmação e observe sua situação melhorar.

Não saia da vossa boca nenhuma palavra torpe, mas só a que for boa para promover a edificação, para que dê graça aos que ouvem. Efésios 4:29 Versão Padrão Inglesa

Aplicação

Passo de Ação: Proclame corajosamente algumas palavras positivas hoje

1. Como dizer palavras afirmativas me ajudam a superar minha batalha contra o desencorajamento?

O Poder do Louvor

Chave: Louve a Deus, independente de como você se sente.

Talvez tenham lhe dito que você nunca irá conseguir nada na vida. Ou você sempre era escolhido por último nas equipes. Esses dois casos podem fazer uma pessoa se subestimar.

Muitos adolescentes e adultos sofrem com depressão. Eles param de acreditar que importam. Mas a Escritura acima providencia esperança e encorajamento para que todos lidem com problemas de autoestima. Os adultos podem desistir da alegria. Essas reações à tristeza realmente desencorajam as pessoas de sentirem prazer e alegria.

Uma solução bíblica comprovada é começar a louvar a Deus por criá-lo. Todos os dias, recite "Eu te louvarei, porque de um modo assombroso, e tão maravilhoso fui feito; maravilhosas são as tuas obras e a minha alma o sabe muito bem[2]" Esta Escritura o ajudará a se valorizar conforme você começar a ver sua significância para Deus.

"Eu te louvarei, porque de um modo assombroso, e tão maravilhoso fui feito; maravilhosas são as tuas obras e a minha alma o sabe muito bem" Salmos 139:14 VPI

Aplicação

Passo de Ação: Cante canções ao Senhor antes de começar o dia. Agradeça a Deus por Suas bênçãos em sua vida.

1. Quais são algumas coisas pelas quais você quer agradecer a Deus hoje?

GERENCIANDO A DEPRESSÃO

"Paz na Tempestade"

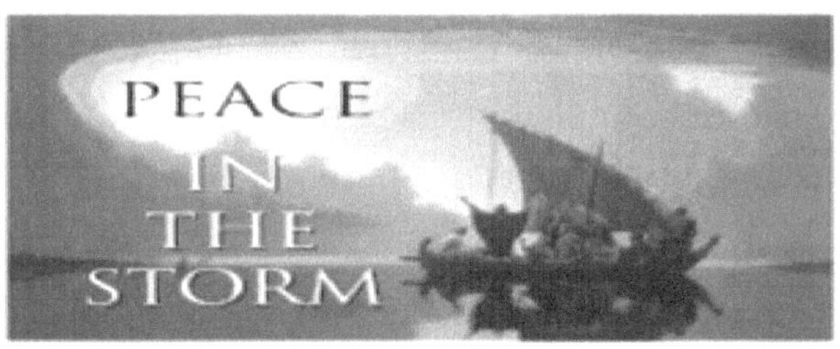

Chave: Atenha-se às promessa de Deus.

A paz é possível. Vamos permitir que estas duas palavras ("Cala-te! Aquieta-te[3]") entrem em seus corações e mentes. Então, quando os ventos da preocupação, estresse e ansiedade percorrerem sua vida, lembre-se que Jesus pode acalmar nossas tempestades assim como ele fez no texto. Tudo o que precisamos é atermos às promessas de Deus.

Ater-se às promessas de Deus tornará a paz em realidade na sua vida. A ação de se ater significa que você depende da Palavra de Deus. Isto simplesmente significa que mesmo quando as situações e circunstâncias da vida se tornarem desafiadoras, você não irá desistir, porque você sabe o que Deus diz. Aqui está uma forma de entendermos melhor o conceito de Ater às promessas de Deus. Ater às promessas de Deus é como superar muitos obstáculos para chegar ao seu destino (ou seja, atrasos de voo, fechamentos de estradas, etc.). A questão é que não importa o que aconteça na vida, nós devemos ser imóveis e sempre depender de Cristo, porque Deus promete nunca nos deixar, falhar ou abandonar, então isso significa que quando todo o caos e confusão estiverem acontecendo ao seu redor, ainda há paz.

A paz vem ao saber que o Senhor está presente em sua situação. A paz vem ao saber que seu problema não é maior que a força de Deus. A paz vem ao saber que "maior é o que está em vós do que o que está no mundo.[4]" Por fim, a paz vem ao saber que Deus está no controle e que "diz o Senhor; pensamentos de paz, e não de mal, para vos dar o fim que esperais.[5]" Meus irmãos e irmãs, atenham-se às promessas de Deus hoje.

[39]E ele, despertando, repreendeu o vento, e disse ao mar: Cala-te, aquieta-te. E o vento se aquietou, e houve grande bonança. Marcos 4:39 (VPI)

Aplicação

Ação: "E na sua lei medita de dia e de noite.[6]"

1. O que você deveria fazer quando ficar sobrecarregado com desencorajamento?

Superando a Tristeza

Chave: Adquira conforto e força com o Senhor.

Um motivo pelo qual as pessoas ficam deprimidas é porque elas ficam sobrecarregadas com tristeza, que está intimamente conectada com a perda. A perda de um ente querido, amigo ou animal de estimação são apenas alguns tipos de perdas que acontecem durante a vida e que nos entristecem muito. É difícil aceitar o fato de que alguém próximo de nós se foi.

Na minha vida, eu tive algumas grandes perdas, como a da minha avó materna, que me entristeceram profundamente. Esta perda me incomodou, porque eu tinha um ótimo relacionamento com minha avó. Ela realmente me ensinou como ser responsável e um homem de Deus. Embora ela tenha morrido oito anos atrás, eu ainda sinto falta dela.

Porém, eu consigo conforto e força ao saber que o Senhor é quem me ajuda com minha tristeza, porque eu sou capaz de apreciar as boas memórias e lições que minha avó me ensinou. Eu me sinto seguro e tranquilo com o fato de que o Senhor está presente comigo em meu momento de tristeza. Portanto, o Senhor me fortalece e anima constantemente quando eu lido com a tristeza. Amado, eu o encorajo e adquirir conforto e força com o senhor.

Bem-aventurados os que choram, porque eles serão consolados. Mateus 5:4

Aplicação

Passos de Ação: Escrever uma Carta de Adeus pode ser útil para aqueles que perderam alguém. O propósito desta carta de adeus seria trazer um final para a pessoa perdida. Afinal, a palavra adeus é uma junção das palavras "A Deus".

1. Como você pode adquirir força e conforto com o Senhor?

Ajuda Necessária

Chave: Conecte-se com um sistema de apoio espiritual.

Há momentos em que as circunstâncias da vida irão sobre-carrega-lo. Problemas financeiros, de saúde e na família podem ser um grande fardo. Como resultado desses fardos, você pode se sentir deprimido e chegar a ponto de desistir porque você se sente sozinho. Por outro lado, uma das melhores formas de lidar com a depressão é se conectar com um sistema de apoio espiritual. Um pequeno grupo de Estudos da Bíblia providenciará um ambiente seguro e de cura. Essas configurações providenciarão a você um ambiente Cristão onde você pode se curar, crescer e prosperar.

Na faculdade, eu me lembro de uma boa amiga meu que lidava com a depressão. Ela achava que seus amigos a tinham abandonado, mas o que a ajudou fui se juntar ao Ministério de Intervencionismo Cristão. Durante seu tempo com o Ministério, ela pôde compartilhar suas experiências com outros Cristãos e relaxar e se afastar das coisas que a deprimiam. Seu sistema de apoio espiritual a ajudaram a se reerguer durante sua época de necessidade. Então, se você não tiver um sistema de apoio espiritual, por favor, identifique e conecte-se com um grupo, pois algumas pessoas podem ter esses hábitos, mas irão se encorajar – e tanto mais, quanto vedes que se vai se aproximando aquele dia. Hebreus 10:25 Nova Versão Internacional.

Aplicação

Ação: Peça a Deus para ajudá-lo a identificar alguns membros de seu local de adoração. Como um grupo, decidam devotar sessões para discutir coisas estressantes em suas vidas.

Se você não fizer parte de uma igreja, comece a escrever nomes de igrejas e peça a Deus por orientação sobre a igreja você deve se juntar.

1. Quais são alguns ministérios de sua igreja que você se sente seguro para falar sobre sua depressão?

Deus, Ajude-os

**CHAVE: Ore por Outros.**

Às vezes, nós ficamos sobrecarregados com desafios e adversidades. Nós realmente podemos ficar presos em nossa rotina quando nos focamos apenas em nossos problemas. Nós desenvolvemos uma atitude depressiva. A história de Jó nos mostra que Jó perdeu sua família, status social e sua propriedade. Essas perdas tiveram um impacto cumulativo e deprimiram Jó. Como Jó iria se recuperar de suas grandes perdas? Bem, a resposta é surpreendente.

O livro de Jó termina com Jó orando por seus amigos. Sim, as mesmas pessoas que desencorajaram Jó a confiarem no Senhor. Ao orar por eles, Jó tirou a atenção de sua miséria pessoal e levou seus amigos em consideração. Após Jó tirar sua atenção de si, Deus restaurou sua fortuna.

Agora, a lição que nós podemos levar para casa é que Deus quer que nós oremos por outros em nossa adversidade. Eu me lembro de momentos em que me senti triste e eu parei de sentir pena de mim mesmo e direcionei minha atenção para os outros nas orações. Como resultado, eu me senti melhor e encorajado. Orar pelos outros restaura nossos espíritos e os dos outros. Por favor, ore por outra pessoa hoje.

E o Senhor virou o cativeiro de Jó, quando orava pelos seus amigos; e o Senhor acrescentou, em dobro, a tudo quanto Jó antes possuía. Jó 42:10 Nova Versão Internacional.

Aplicação

Ação: Faça uma lista e amigos e ame e ore por eles diariamente.

1.

2.

3.

1. Quem você pode adicionar à sua lista hoje?

A Depressão Não Veio Para Ficar

CHAVE: Manter uma aparência positiva.

O Apóstolo Paulo foi um dos líderes mais influentes no Movimento da Igreja Cristã. Ele fundou muitas igrejas e serviu a Deus com todo seu coração. Apesar de todo o seu sucesso no ministério, ele ainda sofria e passou por grandes adversidades. Suas dificuldades incluíam ficar naufragado, ser perseguido e aprisionado. Apesar de todos os seus desafios, ele continuou a ser um ótimo missionário do Evangelho de Cristo. Você pode estar se perguntando o que motivava Paulo a continuar a espalhar o Evangelho diante de suas dificuldades? Paulo mantinha uma aparência positiva apesar de seus vários desafios. Ele percebeu que todo este sofrimento tinha um propósito. O propósito deste sofrimento era para eventualmente ver a face de Cristo no Céu.

A chave para manter uma aparência positiva é o contentamento. A palavra contentamento significa "tranquilidade mental ou satisfação". Então, a aplicação na vida é que nós temos que chegar em um lugar onde nós estamos contentes com nosso sofrimento, sabendo que nosso sofrimento tem um propósito. Nós temos que lembrar que nós somos afligidos para ficarmos mais fortes. Quando nós percebemos que esses malefícios servem a um propósito, nós não ficamos tão estressados e exaustos emocionalmente, porque nós sabemos que nossas dificuldades são um degrau que nos aproximam ainda mais de Cristo. Vamos prosperar hoje para manter um resultado positivo na vida.

Porque para mim tenho por certo que as aflições deste tempo presente não são para comparar com a glória que em nós há de ser revelada. Romanos 8:18 Nova Versão Internacional.

Aplicação

Passo de Ação: Escreva coisas que o Senhor fez em sua vida.

1.

2.

3.

1. Quais coisas me impedem de manter uma aparência positiva?

Poema Para Não Desistir

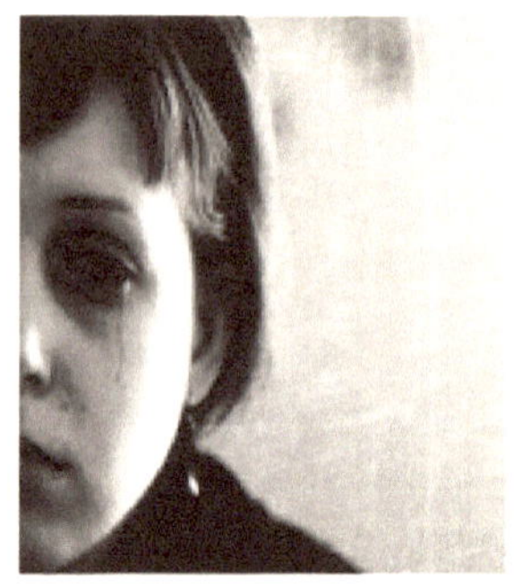

Chave: Descanse na Presença do Senhor.

Por que desistir?

Por que jogar a toalha?

Não é isso o que o inimigo quer que eu faça?

O demônio não quer que eu tenha tanto medo do fracasso que eu nem tento alcançar meus sonhos?

Eu tenho tanto medo assim do sucesso?

E então eu ouço o anjo do Senhor dizendo para eu continuar lutando e não desistir.

E então Satã sussurra em meu ouvido para jogar a toalha, porque as pessoas continuam morrendo, aqueles próximos a mim continuam mentindo. Então, Satã tenta me convencer que não há motivos para continuar tentando.

E então o anjo do Senhor me visita novamente e diz que assim como eu liberei os israelitas da escravidão dos egípcios, levantei Lázaro dos mortos e curei os doentes, eu o ajudarei durante seus problemas.

E então Satã sussurra: O Senhor o fez para outros, mas não o fará por mim.

Finalmente, o Anjo do Senhor Repudia Satã e diz "Para trás de mim, Satanás.[7]"

Por fim, o Senhor então me deixa com estas palavras: "mas aqueles que têm esperança no SENHOR irão renovar suas forças. Eles irão bater as asas como águias, eles correrão e não se cansarão, eles andarão e não desmaiarão." Agora, eu irei descansar na Presença do Senhor.

Confia no Senhor de todo o teu coração, e não te estribes no teu próprio entendimento. Provérbios 3:5 NVI

Aplicação

Passo de Ação: Encontre um local silencioso em sua casa e comece a clamar por Deus diariamente em oração, louvor e confissão de pecados.

1. Há algumas áreas em suas vidas que devoram constantemente os seus espíritos?
2. O que você fará hoje para ajudá-lo a descansar na presença de Deus?

Eu Estou Aguentando (Poema)

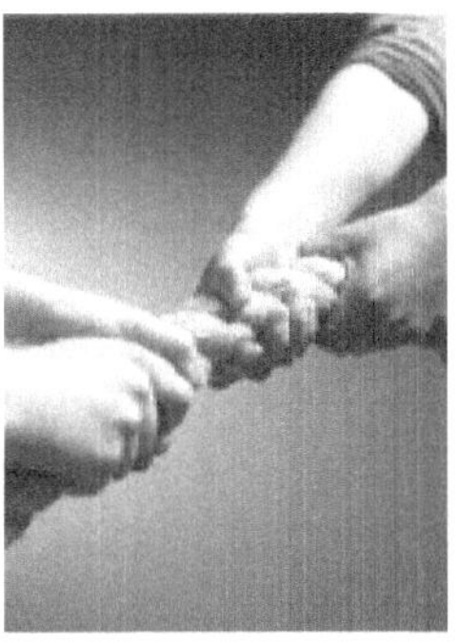

Chave: Aceitar que Deus está no controle.

Não importa pelo que estamos passando, lembre-se sempre que Deus está no controle.

O nascer do sol, o soprar do vento e o bater das ondas são lembretes constantes de que Deus está no controle.

Aceitar que Deus está no controle significa resistir à vontade de saber todas as respostas para suas situações.

Aceitar que Deus está no controle significa saber que tudo ficará bem.

Aceitar que Deus está no controle significa notar a mão de Deus trabalhando em nossas vidas.

Eu formo a luz, e crio as trevas; eu faço a paz, e crio o mal; eu, o Senhor, faço todas estas coisas. Isaías 45:7 Versão Padrão Inglesa.

Aplicação

Passo de Ação: Determine se você passa muito tempo tentando entender as coisas ou se permite que Deus cuide de tudo.

1. O que significa para você Deus estar no controle?

Agradecimentos

Primeiro, eu gostaria de dar a honra e glória ao meu Senhor e Salvador Jesus Cristo.

Sem minha esposa, este ótimo ministério de livros não seria possível.

Agradeço aos meus pais, irmão e familiares por seu apoio contínuo.

Agradeço ao Departamento de Serviços Sociais Familiares da Cidade de Baltimore.

Agradeço a todos os meus amigos que me apoiaram durante a jornada para completar este livro.

E um agradecimento especial a Pat Alfin pelas suas opiniões.

Sua classificação e suas recomendações diretas farão a diferença

Classificações e recomendações diretas são fundamentais para o sucesso de todo autor. Se você gostou deste livro, deixe uma classificaÃ§Ã£o, mesmo que somente uma linha ou duas, e fale sobre o livro com seus amigos. Isso ajudará o autor a trazer novos livros para você e permitirá que outras pessoas também apreciem o livro.

Seu apoio é muito importante!

Procurando outras ótimas leituras?

Seus livros, seu idioma

A Babelcube Books ajuda os leitores a encontrar ótimas leituras. Ela tem o papel de mediadora, aproximando você e seu próximo livro.

Nossa coleção é alimentada por livros produzidos no Babelcube, um mercado que aproxima autores de livros independentes e tradutores e distribui seus livros em vários idiomas no mundo todo. Os livros que você encontrará foram traduzidos, para que você possa descobrir leituras incríveis em seu idioma.

Temos a satisfação de trazer livros do mundo todo até você.

Caso queira saber mais sobre nossos livros, acesse nosso catálogo e solicite nossa newsletter. Para conhecer nossos lançamentos mais recentes, visite nosso site:

www.babelcubebooks.com[1]

---

[1] Isaías 43:4 Versão Padrão Inglesa.

[2] Salmos 139:14 Versão Padrão Inglesa.

[3] Marcos 4:39 VPI

[4] I João 4:4 VRJ

[5] Jeremías 29:11

[6] Salmos 1:2 Nova Versão Internacional.

[7] Mateus 16:23 Nova Versão Internacional.

---

1. http://www.babelcubebooks.com